BEI GRIN MACHT SICH IHR WISSEN BEZAHLT

- Wir veröffentlichen Ihre Hausarbeit, Bachelor- und Masterarbeit

- Ihr eigenes eBook und Buch - weltweit in allen wichtigen Shops

- Verdienen Sie an jedem Verkauf

Jetzt bei www.GRIN.com hochladen und kostenlos publizieren

Joshua Schwarz

Welche Wirkung haben moderne Medien auf den Lernfortschritt von Kindern in Lerninstitutionen?

Vorteile und Gefahren moderner Medien

GRIN Verlag

Bibliografische Information der Deutschen Nationalbibliothek:

Die Deutsche Bibliothek verzeichnet diese Publikation in der Deutschen Nationalbibliografie; detaillierte bibliografische Daten sind im Internet über http://dnb.d-nb.de/ abrufbar.

Dieses Werk sowie alle darin enthaltenen einzelnen Beiträge und Abbildungen sind urheberrechtlich geschützt. Jede Verwertung, die nicht ausdrücklich vom Urheberrechtsschutz zugelassen ist, bedarf der vorherigen Zustimmung des Verlages. Das gilt insbesondere für Vervielfältigungen, Bearbeitungen, Übersetzungen, Mikroverfilmungen, Auswertungen durch Datenbanken und für die Einspeicherung und Verarbeitung in elektronische Systeme. Alle Rechte, auch die des auszugsweisen Nachdrucks, der fotomechanischen Wiedergabe (einschließlich Mikrokopie) sowie der Auswertung durch Datenbanken oder ähnliche Einrichtungen, vorbehalten.

Impressum:

Copyright © 2012 GRIN Verlag GmbH
Druck und Bindung: Books on Demand GmbH, Norderstedt Germany
ISBN: 978-3-656-22721-2

Dieses Buch bei GRIN:

http://www.grin.com/de/e-book/195832/welche-wirkung-haben-moderne-medien-auf-den-lernfortschritt-von-kindern

GRIN - Your knowledge has value

Der GRIN Verlag publiziert seit 1998 wissenschaftliche Arbeiten von Studenten, Hochschullehrern und anderen Akademikern als eBook und gedrucktes Buch. Die Verlagswebsite www.grin.com ist die ideale Plattform zur Veröffentlichung von Hausarbeiten, Abschlussarbeiten, wissenschaftlichen Aufsätzen, Dissertationen und Fachbüchern.

Besuchen Sie uns im Internet:

http://www.grin.com/

http://www.facebook.com/grincom

http://www.twitter.com/grin_com

Facharbeit

„Pädagogik"

Josef - Albers - Gymnasium

Thema:	Welche Wirkung haben moderne Medien auf den Lernfortschritt von Kindern in Lerninstitutionen? - Vorteile und Gefahren moderner Medien

erstellt von:
Joshua Schwarz

Abgabe: 20.04.2012
(1. Ausgabe 2012)

Inhalt:

1. Einleitung..3
2. Erziehung durch Medien..4
   - 2.1. Medienpädagogik..4 - 5
   - 2.2. Mediendidaktik..5
   - 2.3. Medienerziehung..6
   - 2.4. Medienkompetenz..7
3. Medien..8
   - 3.1. Kreide, Tafel, Schwamm....................................8
   - 3.2. „Neue Medien"...9
     - 3.2.1. Computer und Co im schulischen Unterricht......10 - 11
     - 3.2.2. „Neue Medien" im Kontext des Medienkonsumverhaltens von Kindern und Jugendlichen..11
       - 3.2.2.1. Kinder und Medien...............................12
       - 3.2.2.2. Jugendliche und Medien........................12 - 13
     - 3.2.3. „Neue Medien" und Gewalt.............................13 - 14
4. Auswirkungen..15
   - 4.1 Vorteile allgemeiner Medien.................................15 - 16
   - 4.2 Gefahren allgemeiner Medien...............................16
5. Resümee über Erörterungsergebnisse............................17
6. Quellenverzeichnis..18
   - 6.1. Literaturangaben..18
   - 6.2. Onlinequellen..18
   - 6.3. Quellen durch Information aus der Praxis............18

1. Einleitung

Medien - immer weiter dringen sie ein in das Kinderzimmer der Moderne, immer früher sehen sich Kinder, gar Säuglinge mit Medien konfrontiert, seien sie auditiv, audiovisuell oder nur visuell. Gerade das Fernsehen lockt mit seinem mannigfaltigen Programmangebot und wird immer interessanter, sogleich, so scheint es, aber auch immer mehr selbstverständlich.

Das gilt aber keineswegs allein für das Privatleben des Kindes. Schon im zarten Grundschulalter tendiert der Unterricht dazu, mehr und mehr medienbasiert zu werden.

Aber was verspricht man sich davon? Was ist mit den Gefahren und negativen Aspekten von denen so oft die Rede ist?

Mit dieser Facharbeit mache ich es mir zur Aufgabe, zu ergründen, wie Medien im Unterricht vorgehen sollten, was sie bewirken sollen, ob es eine Notwendigkeit ist, die Kinder nahezu rund um die Uhr den Medien auszusetzen und vor allem, welche Vorteile, welche Nachteile sie wirklich bergen.

Zu allererst werde ich Begrifflichkeiten erklären und einiges an Wissen der Medienpädagogik aufgreifen, um ein fundiertes Ergebnis treffen zu können. Danach werde ich Fakten und Ergebnisse präsentieren, die sich der Medienforschung der letzten Jahre ergaben, um dann zu meiner Evaluation der Chancen und Gefahren im Umgang mit Medien zu kommen.

Doch vorerst einmal zum Lernen mit Medien.

2. Erziehung durch Medien

Medien spielen in der heutigen Erziehung von Kindern und Jugendlichen eine entscheidende Rolle. Egal ob vor dem Computer, zu Hause, im schulischen Internetcafé oder gar in der Schülerbibliothek. Kinder lernen mit Hilfe von Medien, gezielt und willkürlich. Im Folgenden sind nun einige Aspekte dieses medialen Lernens von Kindern und Jugendlichen erklärt.

2.1 Medienpädagogik

„Medienpädagogik umfasst alle Fragen der pädagogischen Bedeutung von Medien in den Nutzungsbereichen der Freizeit, der Bildung und des Berufes."[1] Medien spielen dabei eine Rolle, die für die Sozialisation des Menschen von weiterem Belang ist. Diese Sozialisation teilt sich auf in „intendierte und nicht intendierte"[2] Einwirkungen von Medien auf den Menschen, der sich mit ihnen befasst bzw., der von ihnen umgeben ist. Der Mensch, ferner das Kind oder der Jugendliche wird dabei auf „kognitiver und emotionaler Ebene sowie in"[3] seinem Verhalten und seiner Wahrnehmung geprägt.

Das direkte Befassen mit Medien wird in Folge dessen als *intendierte* Einwirkung der Medien bezeichnet. Diese setzt voraus, dass Medien wissentlichen Einfluss auf den Schüler (das Kind, den Jugendlichen, aber auch Erwachsene) nehmen; beispielsweise in Form von Lernmedien mit denen sich der Proband in vollem Ausmaße seiner geistigen Wahrnehmung beschäftigt.

Im Kontrast dazu steht die *nicht intendierte* Einwirkung der Umwelt. Diese affektiert das Kind/den Jugendlichem nun offensichtlicher Weisse im Verborgenen. Das bedeutet, der Proband begegnet allen möglichen Formen von Medien, lässt sich von ihnen beeinflussen und merkt dies nicht einmal. Als Beispiel ist wohl das berühmteste die Werbung.

---

[1] Grundbegriffe Medienpädagogik, KoPäd, Hrsg. von Jürgen Hüther, Bernd Schorb, Christiane Brehm-Klotz, S.243 aus Neubauer/Tulodziecki (1979)

[2] S.243 Neubauer/Tulodziecki (1979)

[3] S.243 Neubauer/Tulodziecki (1979)

Dabei untersucht Medienpädagogik die Inhalte und die „Funktionen"[1] der Medien, denen ein Schüler (Bsp.) ausgesetzt ist, auf ihre Auswirkungen auf die Gesellschaft.

Ihr Ziel ist Wissen und Analysefähigkeiten hervorzurufen, die zu „medienbeziehendem Handeln"[2] führen sollen. Dabei folgt man dem Leitmotiv „je mehr Sinne angesprochen werden, desto mehr kann sich der"[3] Lernende merken.

2.2 Mediendidaktik

Mediendidaktik hingegen beschäftigt sich mit der spezifischen Art und Weise, in der das einzelne Medium bzw. das Unterrichtsmedium den Schüler in seiner Sozialisation und seinem Lernprozess beeinflusst.

Sie bewertet „gesellschaftliche Bedeutung und technische Funktion"[4] des Mediums; sucht dabei Antwort auf die Frage „wie Medien bzw. Medienangebote zum Erreichen pädagogisch, gerechtfertigter Ziele gestaltet und verwendet werden können"[5].

Nach Hagemann (1979), Issing (1988) und Kron (1993) ist die Mediendidaktik somit ein Unterpunkt der klassischen Zweiteilung von *Medienpädagogik* (↗2.1) in *Mediendidaktik* und *Medienerziehung* (↗2.3), wobei sie Erörterungsfunktion hat, d.h. die Nutzung der Mittel zum Zweck erklärt und zielgerichtet ermöglicht. So kann ein „sachbezogener Unterricht"[6], der von einem erfolgreichen Lernprozess verlangt wird, gezielt initiiert werden.

---

[1] S.243 Neubauer/Tulodziecki (1979)

[2] S.243 Neubauer/Tulodziecki (1979)

[3] Kursbuch Erziehungswissenschaften; Cornelsen; Georg Buchholz, Heribert Fischer (Hrsg.); S.538

[4] www.mediendidaktik.org; aus Tulodziecki/Herzig, 2004, S.249 (stand 2012)

[5] www.mediendidaktik.org; aus Tulodziecki/Herzig, 2004, S.249 (stand 2012)

[6] Grundbegriffe Medienpädagogik, KoPäd, Hrsg. von Jürgen Hüther, Bernd Schorb, Christiane Brehm-Klotz, nach Johann Amos Comenius (1592-1670), S.210

2.3 Medienerziehung

Medienerziehung als Begriff beschreibt den Umgang mit Medien. Es bezeichnet das pädagogische Handeln des Schülers, das zur richtigen Nutzung der Medien anleiten soll. Diese kritische Nutzung meint dabei einen „kritisch-reflexiven"[1] Umgang mit den zur Verfügung stehenden Mitteln.

In genauerer Betrachtung des Begriffs, kann man zudem zwei Perspektiven der Medienerziehung erkennen:

„**1.** Die Erziehung zur reflektierten Mediennutzung.
2. Die Erziehung durch die Medien."[2]

Ersteres ist eine Urperspektive, die anfangs die Medienpädagogen zur Erweiterung ihrer Theorien der Medienerziehung brachte. Sie bezweckte „auf all die gefahren, die vom schlechten Kino her drohen, aufmerksam zu machen und unsere Jugend davor zu schützen"[3], wie es Sellmann um 1913 in Folge der Industrialisierung formulierte. Dies bedeutet, dass Medienerziehung ursprünglich die Augen der Nutzer öffnen und um mögliche Gefahren aufklären sollte.

Bei der letzteren Perspektive ist ein zuvor genanntes Kriterium der intendierten bzw. der „intentionalen" Erziehung(↗2.1), welche synonyme Verwendung finden, aufzubringen. Denn Medien haben nicht nur einen gerichteten und gezielten Einfluss auf Schüler, oftmals spielen Faktoren eine Rolle die in der Gleichung der Erziehung nicht mit einberechnet waren. (Dazu mehr in u.a. *3.Medien*)

Ein kleinerer Aspekt der allgemein zur Medienerziehung gehört, hier jedoch nicht einzeln aufgeführt ist, ist der der *Medienkunde*. Diese ersucht Wissen über Medien und dessen Nutzung zu verbreiten. Sie spiegelt sich beispielsweise in Form eines Computermanuals wieder.

---

[1] Grundbegriffe Medienpädagogik, KoPäd, Hrsg. von Jürgen Hüther, Bernd Schorb, Christiane Brehm-Klotz, S.215

[2] Grundbegriffe Medienpädagogik, KoPäd, Hrsg. von Jürgen Hüther, Bernd Schorb, Christiane Brehm-Klotz, S.216

[3] Grundbegriffe Medienpädagogik, KoPäd, Hrsg. von Jürgen Hüther, Bernd Schorb, Christiane Brehm-Klotz, S.216, Zitat nach Sellmann

2.4 Medienkompetenz

Medienkompetenz ist das Wissen, dass der Mensch in der Gesellschaft erlangen muss, um die medialen Eindrücke und Einflüsse seines Umfeldes zu bewältigen. Zur Medienkompetenz gehören verschiedene Aspekte, die zum Teil das Gesamtkonstrukt des Lernens anhand von Medien wiedergeben. Zu den Aspekten gehören zum Einen „das Auswählen und Nutzen" sowie das „Gestalten und Verbreiten" und zum Anderen „das Erkennen und Aufarbeiten von Einflüssen" durch Medien.[1] Durch die Medienkompetenz beantwortet sich auch die Frage nach dem was wahr und was falsch ist. So eröffnet sich dem Kind/dem Jugendlichen die Möglichkeit Medien nach eigenem Ermessen zu reflektieren und zu sortieren und auf Basis dieser analytischen Aufgabe in der „Kommunikation, aktive"[2] Teilnahme zu erlangen, wie es teilweise auch Aufgabe des Sozialisationsprozesses ist; Teil der Gemeinschaft zu werden.

---

[1] http://www.bildungsserver.de/Medienkompetenz-2924.html (stand 2012) nach Tulodziecki

[2] Grundbegriffe Medienpädagogik, KoPäd, Hrsg. von Jürgen Hüther, Bernd Schorb, Christiane Brehm-Klotz, S.235

3. Medien

Gerade der Begriff der *Medien* sollte, bevor man sich mit ihm befasst, genauestens geklärt und definiert sein. So kommt es, dass dieser, je nach sich mit ihm befassendem Autor, eine veränderte Konnotation findet. Deshalb werde ich vorerst einmal mein Verständnis und die allgemeinen Facetten des Terminus erläutern. Dabei gehe ich wie folgt in zweierlei Kategorien vor. Diese ergründen sich dadurch, dass man für gewöhnlich annimmt, dass Medien, gerade in der aktuellen Zeit, etwas mit der multimedialen Moderne zutun hätten. Dies ist keineswegs auszuschließen. Jedoch ist dem Begriff des Mediums damit nicht genug getan. Er reicht viel weiter, denn Medien sind nicht nur Computer und Lernprogramm, um es einmal auf den schulischen Unterricht zu beschränken. Medien sind auch Schulbuch, Tafel und Arbeitsblatt. Um den Begriff fortgehend zu erweitern sind Medien einfache *Mittel*, die den Unterricht und den Lernprozess des Kindes vorantreiben sollen. Dabei ist jedem Mittel, einem Werkzeug gleich, ein spezifischer Zweck zu eigen, der speziell und zumeist gezielt die Sinne des Lernenden anspricht.

„Radio geht ins Ohr, Fernsehen ins Auge"[1].

3.1 Kreide, Tafel, Schwamm...

Klassische Medien, wie das Schulbuch oder auch die Tafel erfüllen, obgleich sie analoge Medien sind, den klassischen Zweck des Mediums, also des Mittels, welches die aktive „Behaltensleistung"[2] des Schülers steigert und somit den Lernprozess effektiver und auch angenehmer gestaltet. Es gilt den Lehrling „zum Fragen, Staunen und Verwundern"[3] anzuregen, wobei immer häufiger „Interessen und Gefühle"[4] des Schülers eine Rolle spielen. Das im Gesamten solle dann dazu führen, dass sich der Schüler in „eigenaktiven Tätigkeiten"[5] wie Lesen, Schreiben, Strukturieren usw. übt.

---

[1] Kursbuch Erziehungswissenschaften, Cornelsen, S.530, Zitat von Robert Lemke

[2] Kursbuch Erziehungswissenschaften, Cornelsen, S.538

[3] Die Fundgrube für Medienerziehung in der Sek. I und II, S.252

[4] Die Fundgrube für Medienerziehung in der Sek. I und II, S.252

[5] Die Fundgrube für Medienerziehung in der Sek. I und II, S.252

3.2 „Neue" Medien

Die „neuen Medien", wie sie bevorzugt genannt werden, stellen da keinen Unterschied zu zuvor genanntem dar. Doch zunächst sollte geklärt werden, was „neue" Medien im eigentlich Sinne sind.

Um es nun treffend zu formulieren ist die Bezeichnung von „neuen Medien" mehr als irreführend, da es sich bei ihnen keineswegs um „Novitäten"[1] handelt.

Fakt ist zunächst, dass sich der Begriff um Bildschirmgeräte dreht. Das bedeutet, Geräte wie der Fernseher aber auch der Computer. Gerade der Fernseher existierte schon vor der Terminierung des „neuen Mediums". Bereits um „März 1938"[2] als der erste Fernsehsender in Betrieb genommen wurde, gab es Fernsehgeräte; also quasi vor ihrem eigentlichen Zweck als Fernseher, in etwa mit der Bedeutung als Instrument.

Auch die „Satellitenkommunikation ist kein Kind der letzten Jahre"[3]. Aber was ist dann „neu" daran? Warum dann die Differenzierung, warum nicht einfach Medien?

Nun, dafür gibt es etliche Gründe. Vor allem aber die neugewonnenen Möglichkeiten durch neue „Distributionswege"[4]. Auch die direkten und globalen Zugriffsmöglichkeiten sind Charakteristika der neuen Medien, sowie die interaktiven Lernchancen, die sich einem Schüler nun eröffnen. Die „Vernetzung"[5] ermöglicht, dass nun Kommunikation und Wissensaustausch auf globalem Niveau betrieben werden kann, der zu einem fundierteren Lernerfolg führt, als ein solcher auf lokaler Ebene. Somit ist auch der Terminus *Multimedia* ausschlaggebend für die Erklärung der Innovation der Medien.

---

[1] Grundbegriffe Medienpädagogik, KoPäd, Hrsg. von Jürgen Hüther, Bernd Schorb, Christiane Brehm-Klotz, S.292

[2] Grundbegriffe Medienpädagogik, KoPäd, Hrsg. von Jürgen Hüther, Bernd Schorb, Christiane Brehm-Klotz, S.293

[3] s. Fußnote 2

[4] s. Fußnote 2

[5] Grundbegriffe Medienpädagogik, KoPäd, Hrsg. von Jürgen Hüther, Bernd Schorb, Christiane Brehm-Klotz, S.294

3.2.1 Computer und Co. im schulischen Unterricht

Gerade im Unterricht geht der Trend hin zur Medialisierung der herkömmlichen Medien. Die Hauptrolle dabei spielt der Computer. Immer häufiger kommt es dazu, dass Medien wie das Plakat durch eine *PowerPointPräsentation* oder ähnliches ersetzt werden. Das Angebot der Mittel wächst. Dabei stehen weiterhin alte Ziele im Vordergrund, die Medien erfüllen sollen, wie beispielsweise den Schüler „anzuregen"[1]. Schüler lernen aber auch, Medien gezielt einzusetzen um Informationen in einem Vortrag so rüberzubringen, dass das Plenum den Inhalt, den der Schüler referiert, auf Anhieb versteht. „Die Wirkung des gesprochenen Wortes" soll dabei „mit Medien unterstützt"[2] und untermauert werden.

Bei Schulbesuchen meinerseits kam unterstützend heraus, dass alle befragten Schulen über einen Internetzugang verfügen, der den Schülern, sobald erforderlich, zur Verfügung steht. Auch Rechner zur Verarbeitung von Materialien im Rahmen des Unterrichts sind vorhanden.

Nachmittags wird in den meisten Schulen das korrekte Tippen auf einer Computertastatur im Umfang einer Arbeitsgemeinschaft gelehrt, um die weitere Zusammenarbeit von Schüler und Medium zu erleichtern.

Somit treten Medien im schulischen Unterricht nicht zwingend in den Hintergrund. Teilweise arbeitet man gar hin zum *medienkompetenten* Schüler.

Bestmöglicher Umgang mit Medien wird erzeugt, durch bestmögliches Training der Kinder und Jugendlichen am Medium selbst.

Vorbereitung findet auch im Umgang mit Büchern und Zeitschriften, schon ab dem ersten Schuljahr statt. Dort sehen sich die Kinder mit ins Detail verspielt gezeichneten Schulbüchern für das Lesen, das Schreiben und auch das Rechnen konfrontiert, die durch ihre Verspieltheit zum Arbeiten anregen sollen. Nicht selten werden zudem Lesenächte veranstaltet, in denen Kinder dann in der Gruppe die Erfahrungen machen, die die schuleigene Bibliothek, bei gebrauch, bieten könnte. Des Weiteren bieten einige Schulen auch die Teilnahme am

---

[1] Die Fundgrube für Medienerziehung in der Sek. I und II, S.252

[2] Kursbuch Erziehungswissenschaften, Cornelsen, S.538

Zeitungsprojekt der WAZ, ZEUS, an, in dem Kinder an das Informationsmedium *Zeitung* herangeführt werden und das Arbeiten mit, sowie das Extrahieren von Informationen lernen. Beispielsweise die korrekte Informationsentnahme anhand eines Berichtes zu aktuellen Ereignissen. Ferner soll das eigentliche Interesse an Informationen der Umgebung und Politik geweckt werden. Gründe für jenen Mangel an Informations- und Bildungsinteresse später (↗3.2.2.1 u. 3.2.2.2). Der Unterricht wird in manchen Fächern regelrecht auf den Computer ausgelagert. Dabei lässt sich das Beispiel des Sachkundeunterrichts anführen. Hier wird im Themenbereich Geographie zum Lernen ein Programm aufgerufen, welches das Kind auffordert eine Maske für Städte, Länder oder Flüsse auszufüllen und nach dem Lernen automatisch auswertet.

3.2.2. „Neue Medien" im Kontext des Medienkonsumverhaltens von Kindern und Jugendlichen

Kinder und Jugendliche lieben Medien. Für sie sind diese die „Luft zum Atmen"[1] Das resultiert daraus, dass sie, im Gegensatz zu vielen Erwachsenen, mit ihnen aufgewachsen sind, das heißt, sie kennen ein Leben ohne Medien als solches gar nicht. Somit haben sie nicht jene „Berührungsängste"[2], die mancher Erwachsener verspürt wenn es um den Kontakt mit Medien geht. Bestes Beispiel sind da wohl Rentner, die trotz immer schneller werdendem *Internet* keinen Computer, trotz der Revolution des *3G* zu *LTE* immer noch kein Handy besitzen, da sie es schlicht und ergreifend nicht gewohnt sind. Anders die Jugendlichen bzw. die Kinder, die den Anfang der Entwicklung des Menschen beschreiben. Medien und Medienkonsum setzen in immer früherem kindlichen Alter an.

„*Edutainment*"[3] lautet die Devise! Schon von klein auf werden Kinder mit diversen Reizen im Rahmen des Fernsehens (Bsp.) konfrontiert und lernen am Modell, schauen sich das Verhalten ihrer Fernsehhelden ab. Ob das gut gehen kann?

---

[1] http://www.kasnews.de/?page_id=6191 (stand 2012)

[2] Fundus Medienpädagogik, BELTZ, (Hrsg.) medien+bildung.com

[3] Grundbegriffe Medienpädagogik, KoPäd, Hrsg. von Jürgen Hüther, Bernd Schorb, Christiane Brehm-Klotz, S.183

3.2.2.1. Kinder und Medien

Es ist bekannt, dass die Medienindustrie es sich zur Hauptaufgabe gemacht hat, Kinder im Kindergartenalter zu ihrer Hauptzielgruppe werden zu lassen.

Medien spielen bei den Kindern schon von klein auf eine wichtige Rolle. Das Angebot ist zahlreich: „Bilderbücher und Hörkassetten für die allerjüngsten; Videokassetten, Hörfunk, Kino, Computerspiele und neuerdings Lernsoftware"[1] locken das moderne Kind hin zum Konsum. Selbst in den medienfernsten Familien reizt dabei besonders ein Apparat; das Universalmedium *Fernseher*.

Das Fernsehen bietet unterdessen eine Vielzahl von *Lernsendungen* in denen die Kinder von morgens bis abends beschäftigt werden. Doch die „eigens für Kinder konzipierten Sendungen können deren Interesse nicht lange aufrecht erhalten. Denn es gibt viel aufregenderes"[2] wie Spielfiguren die im Zeichentrick lebhaft agieren und zu Kinderhelden werden. Es wird den Eltern nahegelegt ihre Kinder frühzeitig mit den Errungenschaften der Technik zu konfrontieren, um noch nicht entdeckte Defizite ausgleichen zu können. Und so kommt es, dass Kinder neben Senioren vom „Grundschulalter bis zum Beginn der Pubertät zeitlich gesehen zu den ausgiebigsten Nutzern des Fernsehens"[3] gehören.

3.2.2.2. Jugendliche und Medien

Auch im Jugendalter ist das Fernsehen keineswegs *out*. Doch aufgrund des breiten Spektrums der Angebote und ihrer offenen Einstellung gegenüber unbekannten Medien, rückt der Fernseher, gerade in seiner Funktion als Informations- und Nachrichtenübermittler immer mehr in den Hintergrund. Jugendliche präferieren zudem zunehmend kommerzielle Sender, die häufig interessanteres liefern, als die vermeintlich informativen Öffentlich-Rechtlichen. Aus dem Kommerz treten zunehmend Gefahren, wie ungeeignete Veranschaulichungen durch *Scripted-*

---

[1] Grundbegriffe Medienpädagogik, KoPäd, Hrsg. von Jürgen Hüther, Bernd Schorb, Christiane Brehm-Klotz, S.183

[2] Grundbegriffe Medienpädagogik, KoPäd, Hrsg. von Jürgen Hüther, Bernd Schorb, Christiane Brehm-Klotz, S.183

[3] Grundbegriffe Medienpädagogik, KoPäd, Hrsg. von Jürgen Hüther, Bernd Schorb, Christiane Brehm-Klotz, S.184

Reality, aber auch durch Werbung, die die Entscheidungsgewalt über den außermedialen Konsum der unerfahrenen Jugendlichen beeinflusst. Dies ist gerade in „bildungsfernen Familien ein Problem"[1]

Des Weiteren wird deutlich, dass ein Wandel der Medien stattfindet. So werden Fernsehen, Radio und Zeitung immer mehr zur Bespaßung eingesetzt, um das Kind beschäftigt zu haben, wobei letzteres, nämlich die Zeitung fast gar keinen Gebrauch mehr findet. Man holt sich seine Informationen, sofern überhaupt gewünscht, lieber aus dem Internet. Plattformen wie *Twitter* und Co. bieten regelrechten Überfluss an Informationen, die dann ungefiltert auf den Jugendlichen herein prasseln. So manche Zeitung geht mit dem Trend, und schaltet neben dem klassischen Markt für Papiermedien um auf Digital. Auf ihren Internetseiten findet man nun *Lifeblogs,* die vorgeben immer *up-to-date* zu sein und uns auch über hauseigene *Apps* versorgen. So wird das Fernsehen, neben seiner Aufgabe als Unterhaltungsmedium, immer mehr zum *Nebenbei-Medium* der Jugend, während der Computer, im Kontrast, zum Hauptmedium mutiert. Er erfüllt alles, vom Vokabellernen über die Übermittlung von Informationen bis hin zur *Spaßmaschine-Nr.1*, in dessen Funktion der Computer „überwiegend zum Spielen"[2], oder umgangssprachlich zum *Zocken* verwandt wird. Dabei ist oftmals die *„Zeitfüllerfunktion"*[3] des PC, Grund für exzessförmige Nutzungsintervalle.

3.2.3 „Neue Medien" und Gewalt

„Nicht erst [...] während der letzten Jahre aufgetretene spektakuläre Ausbrüche von Gewalt in Schulen machen deutlich, dass Gewalt im Leben der Schüler eine zunehmende Rolle spielt."[4] „Ein Grund für die Zunahme der Gewalt in der realen Welt", so heißt es, sei „die Darstellung von Gewalt in Medien"[5] die zudem oftmals von Kindern und Jugendlichen aller Altersstufen abgerufen werden können.

---

[1] Grundbegriffe Medienpädagogik, KoPäd, Hrsg. von Jürgen Hüther, Bernd Schorb, Christiane Brehm-Klotz, S.165

[2] Grundbegriffe Medienpädagogik, KoPäd, Hrsg. von Jürgen Hüther, Bernd Schorb, Christiane Brehm-Klotz, S.165 (Schindler 1992, S.32 und 40)

[3] Grundbegriffe Medienpädagogik, KoPäd, Hrsg. von Jürgen Hüther, Bernd Schorb, Christiane Brehm-Klotz, S.167

[4] Kursbuch Erziehungswissenschaften, Cornelsen, S.142

[5] Kursbuch Erziehungswissenschaften, Cornelsen, S.142

Beispielsweise in nicht jugendfreien Computerspielen, die der große Bruder spielt und offen für Jedermann zugänglich liegen lässt, sodass der kleine Bruder einfach den gespeicherten Spielstand lädt und weiterspielt. Obgleich der große Bruder das Spiel ohne psychische Schäden spielen kann, da er sich im Klaren ist, über dessen Wirklichkeitsgehalt, kann es sein, dass der kleine Bruder das gesehene für wahr hält. Somit kommt es zu einer Verwechslung der subjektiven Realität - also dem im Spiel geschehenen - mit der eigentlichen Realität.[1] Diese „wirklichkeitsgenerierenden"[2] Eigenschaften sind unumstritten. Um aber den eigentlichen Schwerpunkt zu ergründen hat man einen Versuch vorgenommen, dessen Exposition ich schnell erläutern werde.

Man fand eine kleine Stadt in Kanada, in der es, aufgrund der geographischen Lage, bis 1973 kein Fernsehen gab; man benannte die Stadt aus Gründen der Anonymität Notel, also *no-television*. Als Referenz nahm man zwei weitere Gemeinden. In der ersten der beiden gab es seit einiger Zeit Fernsehen, allerdings nur einen Kanal (Unitel). In der zweiten Gemeinde gab es bereits Kabelfernsehen mit vielen Sendern (Multitel). Nach Zwei Jahren der Beobachtung ermittelte man, dass das Aggressionsniveau in den Fernsehgemeinden stark zunahm. Werte über verbale Aggressionen verdoppelten sich, während sich die Werte für körperliche Gewalt verdreifacht hatten, wobei sich zwischen Jungen und Mädchen kein Unterschied beschreibt.[3]

Somit wird deutlich, dass Gewalt in den Medien drastischen Einfluss auf das spätere Verhalten von Kindern, Jugendlichen und Erwachsenen hat. Dessen Ursprung liegt womöglich in der Aufnahmefähigkeit von Kindern. Pädagogisch wird dies durch das *Modelllernen* oder *Lernen am Modell* ergründet, bei der eine Desensibilisierung stattfindet, die den ursprünglichen Reiz eher alltäglich wirken lässt. „Wenn Organismen einem bestimmten Reiz oder einer bestimmten Reizklasse dauernd ausgesetzt sind, so nimmt die Reaktion auf diesen Reiz immer mehr ab."[4] Die Gefahr besteht nun in der Generalisierung der Aggression auf die Realität. Dem Betrachter kommen gewalttätige Verhaltensweisen zunehmend normal vor.

---

[1] vgl. Die Fundgrube der Medienerziehung in der Sek. I und II S.194

[2] Die Fundgrube der Medienerziehung in der Sek. I und II S.194

[3] Experiment aus: Kursbuch Erziehungswissenschaften, Cornelsen, S.143

[4] Kursbuch Erziehungswissenschaften, Cornelsen, S.145

4. Auswirkungen

So können Medien, wie man sieht, verschiedenerlei Auswirkung auf das Kind und den Jugendlichen haben. Doch was genau sind dann die Vorteile, was die Nachteile der Unterrichtsmedien bzw. der Medien im allgemeinen, wenngleich sie doch allerhand Gefahren bergen?

4.1. Vorteile allgemeiner Medien

Bei meinem Besuch in Schulen sind mir gewisse Statements immer wieder zu Ohren gekommen, doch der Inhalt war immer der gleiche. So wie „Sehen und Hören, über [nur] Hören" gehe, gehe „Fühlen und Sehen über [nur] Sehen". Ich stelle fest, dass man bestrebt ist, das zu lernende auf so viele Ebenen wie möglich aufzufächern. Denn nur dann kann ein Lehrprozess sein Maximum an Effektivität haben.

Wenn „die Lehrer weniger zu lehren brauchen, die Schüler dennoch mehr lernen, in den Schulen weniger Überdruss und unnütze Mühe herrschen, dafür mehr Freiheit, Vergnügen und wahrhafter Fortschritt"[1], dann sei die Didaktik perfekt.

So ist es gerade die Vereinfachung des Lernprozesses mit Hilfe des Wandels vom rein theoretischen zum semipraktischen oder praktischen, die einer der größten Vorteile der Medien ist. Weitere Vorteile sind die schnelle Übermittlung von Daten und Informationen, welche die Arbeit in sämtlichen Bereichen deutlich beschleunigt und vereinfacht. Zudem ist es beinahe ein Muss, ständig vernetzt zu sein, um alles Geschehen aufnehmen und verarbeiten zu können. „Wer an allen Orten Zugriff auf das Internet hat, hat damit auch Zugang zu unerschöpflichen Wissensbeständen"[2]. Die gemeinsame Bearbeitung und Kollaboration an Texten online ist dabei zentrales Fragment. Die bildliche Darstellung von komplexen Thematiken ist durchaus ein weiterer Vorteil von veranschaulichenden Medien ,wie Modellen; beispielsweise dem Kugelteilchenmodell im Chemieunterricht, aber auch von einfachen Rechenmodellen, wie sie oft

---

[1] Grundbegriffe Medienpädagogik, KoPäd, Hrsg. von Jürgen Hüther, Bernd Schorb, Christiane Brehm-Klotz, S.210, Zitat nach Johann Amos Comenius

[2] http://medienundbildung.com/unsere-themen/digitale-innovation/ (stand 2012)

Verwendung in der ersten bis zweiten Klasse finden, um dem Schüler, dem Mathematik noch fremd ist, einen leichteren Einstieg zu ermöglichen.

4.2 Gefahren allgemeiner Medien

Im Gegensatz zu allen Vorteilen ist es oftmals der falsche Gebrauch oder der Mangel an Wissen, der den Umgang mit Medien problematisch gestaltet. In vielen Fällen von Gewalt (Bsp.: Gewalt in Schulen) werden Medien, nicht die verkehrte Instruktion zur Benutzung oder die fehlende pädagogische Betreuung beim Arbeiten mit Medien, als Auslöser deklariert. Daher sind Eltern oder Erziehungsberechtigte in die Pflicht zu nehmen, auf einen angemessenen Medienkonsum, der sich auf geeignetes Material beschränkt, zu achten, ihn gar zu fordern und aktiv zu fördern.

Auffällig ist zudem, dass sich genanntes Verhalten - der Umgang mit ungeeigneten Medien - beinahe ausschließlich auf den außerschulischen Bereich erstreckt. Das heißt, ist das Erziehungsobjekt in beaufsichtigtem Kontakt mit Medien, wie es in der Schule der Fall ist, so ist es potenziell weniger der Gefahr ausgesetzt, von ungeeigneten Medien negativ determiniert zu werden.

Somit spielt der richtige Mediengebrauch eine entscheidende Rolle, ohne den Medien wohl nicht den gewünschten Effekt erzielen könnten, wozu Eltern ihre Kinder anhalten müssen.

5. Resümee über Erörterungsergebnisse

Dementsprechend wird deutlich, dass Medien allumfassend vielerlei Chancen für die Entwicklung des Kindes bieten. Vor allem im Unterricht spielen sie eine berechtigte Rolle, in der sie unterstützend wirken, um den Lernfortschritt zu beschleunigen und zu optimieren. Denn „je mehr Sinne angesprochen werden, desto mehr kann sich der Zuschauer merken"[1], in diesem Fall der Schüler. Zudem ist es schlichtweg notwendig, mit dem Drang der Zeit zu gehen und die Lernmethoden der Moderne anzunehmen, um aktuell zu bleiben, aber auch, um die Konkurrenz mit dem Weltmarkt bildungstechnisch weiterhin aufnehmen zu können. Auch sind es viele Arbeitsmöglichkeiten, die sich durch die mediale, weltweite Vernetzung eröffnen, und kreative Arbeit in Gruppen, mit Hilfe des schnellen Ideentransfers erleichtern.

Jedoch muss es zu jedem Zeitpunkt der Erziehung mit Medien im Interesse der Eltern liegen, dass das Kind mit dem Medium keineswegs alleingelassen wird, da gerade Medien wie der Computer und der Fernseher nicht nur bzw. keine Kinderspielzeuge sind, sondern Gefahren bergen können, in Form von ungeeignetem Material, wie Erwachsenenserien, Talkshows, Gewaltfilme und ähnliches, welche das Kind oder den Jugendlichen in negativer Weise berühren können, es aber nicht müssen. Daher gilt: *Vorsicht ist besser als Nachsicht!*

So bieten Medien, mit dem Wandel zu interaktiverem Unterricht und den kreativen Entfaltungsmöglichkeiten gar ausschließlich Vorteile, sofern sie mit dem richtigen Zweck und aktiv angewandt werden, sodass wir nur intendiert und nicht willkürlich von ihnen beeinflusst werden, was einen Medienfilter für entsprechende Altersstufen und die Medienanalyse voraussetzt.

Unter diesen Aspekten ist es möglich zu sagen, dass Medien nicht nur in der Schule, aber auch in vielen anderen Abschnitten des Lebens wie dem Beruf zwingend nötig[2] sind, da die Vorteile bei korrektem Gebrauch überwiegen und man ohnehin mit dem Zeitgeist gehen muss. Denn Medien gehören nun einmal zum Leben dazu.

---

[1] Kursbuch Erziehungswissenschaften, Cornelsen, S.538: Katrin Wodraschke-Staudinger: Referate Halten (2009)

[2] vgl. Grundbegriffe Medienpädagogik, KoPäd, Hrsg. von Jürgen Hüther, Bernd Schorb, Christiane Brehm-Klotz, S.210, nach Johann Amos Comenius

6. Quellenverzeichnis

6.1 Literaturangaben

- Brinkmöller-Becker: Die Fundgrube für Medienerziehung in der Sekundarstufe I und II, Cornelsen-Scriptor, 1997
- medien+bildung.com: Fundus Medienpädagogik, BELTZ, 2012
- Wolfgang Mattes: Methoden für den Unterricht, Schöningh, 2011
- Georg Bubolz, Heribert Fischer (Hrsg.): Kursbuch Erziehungswissenschaften, Cornelsen, 2010
- Jürgen Hüther, Bernd Schorb, Christiane Brehm-Klotz (Hrsg.): Grundbegriffe Medienpädagogik, KoPäd, 1997

6.2 Onlinequellen

- www.mediendidaktik.org
- www.medienundbildung.com
- www.kasnews.de
- http://www.bildungsserver.de

6.3 Quellen durch Informationen der Praxis

Ein besonderer Dank gilt den Grundschulen aus Bottrop und Kirchhellen, die freundlicherweise Referenz zu medialen Unterrichtsmethoden erteilt haben:

- Nikolaus-Groß-Schule
- Matthias-Claudius-Schule
- Johannesschule
- Paul-Gerhardt-Schule
- Rheinbabenschule
- Fürstenbergschule
- Wagenfeldschule
- Schillerschule
- Albrecht-Dürer-Schule
- Albert-Schweitzer-Schule
- Richard-Wagner-Schule
- Fichteschule
- Konradschule